# HAÏTI

## ÉTUDE ÉCONOMIQUE ET POLITIQUE

PAR

ARTHUR BOWLER

CHARLES BAYLE, ÉDITEUR
à *Paris*, 16, *rue de l'Abbaye*.

1889

# HAÏTI

## ETUDE ECONOMIQUE ET POLITIQUE

PAR

ARTHUR BOWLER

CHARLES BAYLE, ÉDITEUR
à *Paris*, 16, *rue de l'Abbaye.*

1889

DU MÊME AUTEUR

---

UNE CONFÉRENCE SUR HAÏTI

PARIS, E. DENTU, ÉDITEUR

# PRÉFACE

En publiant ces quelques pages, écrites aussi bien pour les étrangers que pour mes compatriotes, je voudrais attirer l'attention de tous ceux qui me feront l'honneur de me lire sur cette île lointaine d'Haïti, trop peu connue des uns, trop méconnue des autres; sur ce pays qui fut mon berceau et dont j'ai, comme le berger de Virgile, et plein de tristesse, bien qu'exilé volontaire, quitté la terre si douce, *dulcia arva*, pour venir sur cette généreuse et hospitalière terre de France chercher des amis à ma patrie et faire appel en sa faveur à la sympathie de tous.

On s'étonnera peut-être, et avec apparence de raison, que je choisisse, pour faire un tel appel, et pour dire les enchantements et les beautés de mon pays le moment même où chaque courrier nous apporte un écho de la guerre civile dont il est déchiré. Oh! oui, certainement, le peuple haïtien serait beaucoup plus heureux si, « de ses propres mains déchirant ses entrailles », il ne continuait pas à se créer, hélas! une douloureuse histoire; mais ce serait, qu'on en convienne aussi, un fait vraiment extraordinaire si, ballotté par les dernières commotions de la tempête qui en fit un peuple libre, il n'avait déjà plus à tâtonner, et s'il ne cherchait pas encore à orienter sa boussole vers le port dont il fera définitivement son refuge et où, le patriotisme de tous y aidant, il réussira bientôt, soyons-en sûrs, à entrer à pleine voile.

Eh bien! c'est parce que telle est ma conviction, c'est parce que je ne puis douter que ces dissensions aient un terme prochain, c'est, enfin, parce que je suis persuadé qu'un gouvernement stable et réparateur ne tardera pas à diriger les affaires de mon pays et à répandre autour de lui son action bienfaisante et civilisatrice, que je ne veux pas attendre plus longtemps pour dire les destinées pacifiques que je rêve pour ce coin de terre béni du Ciel.

Heureux si le succès vient couronner mes efforts; heureux si je parviens à mieux faire apprécier et aimer ma patrie en la faisant mieux connaître, et en contribuant ainsi, pour ma faible part, à sa gloire et au bonheur de mes concitoyens.

A. B.

Paris, juin 1889.

# HAÏTI

Si on doit la Vérité à son Pays par l'amour qu'on lui porte, j'ai quelque droit à la dire au mien.

Dr Louis AUDAIN.

## I

Lorsqu'on jette un regard sur la carte de l'Amérique, on voit, au milieu des nombreuses îles qui émergent des flots de l'Océan, quatre îles principales : Cuba, Porto-Rico, la Jamaïque et Haïti. La première et la seconde sont les deux plus beaux fleurons de la couronne d'Espagne; la troisième appartient à l'Angleterre, et la quatrième enfin, Haïti, après les longues luttes dont elle a été le théâtre, a fini, à force d'héroïsme, par conquérir son indépendance et son autonomie. Elle est divisée politiquement en deux Etats : la République haïtienne, à l'ouest, et, à l'est, la République dominicaine. La partie occidentale fut une colonie de l'Espagne jusqu'en 1821; en 1822, elle ne formait plus qu'un seul Etat avec la République haïtienne, et s'en détachait en 1844.

Sans entrer ici dans des développements historiques que j'ai déjà donnés ailleurs (1), je rappellerai simplement que l'île d'Haïti fut découverte le 6 décembre 1492, par Christophe Colomb, qui remplaça son nom par celui d'Hispañiolia; que les Français, s'étant emparés plus tard de la partie occidentale, l'appelèrent Saint-Domingue, et qu'en 1804, au moment où ils la perdirent, celle-ci reprit l'ancien nom indien.

(1) *Une Conférence sur Haïti.* Paris, E. Dentu, éditeur.

C'est de cette partie occidentale que nous avons spécialement à nous occuper. Je voudrais, laissant de côté les événements dont elle fut le théâtre dans le passé, fermant même les yeux sur la nouvelle crise qu'elle traverse actuellement, après tant d'autres, je voudrais, le cœur brisé au bruit de ces luttes fratricides qui se renouvellent périodiquement, interroger l'avenir; je voudrais chercher quelles pourront être les destinées futures de mon pays lorsque tous ses enfants, ayant fait abnégation de leurs ambitions et de leurs préférences, et se décidant à mettre enfin en œuvre les immenses ressources que la nature a placées sous leurs mains, consentiront à déployer, — pour assurer la stabilité dans son gouvernement, l'ordre dans ses finances, la protection de son agriculture, l'exploitation sans entraves des richesses inépuisables de son sol, — consentiront à déployer autant de courage civique que leurs ancêtres ont déployé de courage guerrier pour conquérir leur liberté.

Il est donc entendu qu'il s'agit particulièrement ici de la République haïtienne, — la République dominicaine ne nous intéressant encore que pour les rapports nécessairement chaque jour grandissant en raison du voisinage immédiat des deux populations et de leurs échanges commerciaux et, enfin, au point de vue d'une nouvelle *union* possible et désirable, qui ne manquera pas de s'effectuer un jour entre les deux Etats, sous un même drapeau et par la force même des choses.

Toutefois, pour plus de simplicité et malgré les deux appellations différentes que j'ai indiquées, je donnerai toujours le nom d'Haïti à l'île prise dans son ensemble, et abstraction faite de sa double division politique.

## II

L'île d'Haïti, lorsque, de la pleine mer, on commence à l'apercevoir, présente un aspect sauvage et abrupt, et cet aspect cause presqu'un sentiment de désillusion à l'étranger qui a entendu vanter la beauté de ses paysages et la splendeur de sa végétation exubérante. Ce sont de hautes montagnes, dont la cime lui semble complètement dénudée, qu'il entrevoit tout d'abord; ce sont ensuite des roches gigantesques, bizarrement façonnées par la main de la nature et contre lesquelles la vague vient déferler avec fracas; ce sont, entre ces montagnes, d'immenses ravins, dont les sombres profondeurs se découpent sur le ton empourpré de l'horizon, et jetant par intervalles, au milieu des jeux de lumière, une teinte presque sinistre; ce sont des grèves paraissant habitées seulement par d'innombrables oiseaux de mer, qui viennent déjà voler jusqu'au-dessus de vos têtes, et comme vous souhaiter la bienvenue de leurs rapides battements d'aile.

Mais le navire avance et, peu à peu, le spectacle change; peu à peu ces montagnes dénudées laissent apercevoir leur verdure; les roches, à leur tour, semblent diminuer de hauteur et de sauvagerie; les grèves dessinent mieux les méandres de leurs contours, et les rayons du soleil, pénétrant jusqu'au fond des ravins, les font resplendir d'une chatoyante tapisserie d'arbustes et de fleurs, pendant que, soufflant de terre, une brise rafraîchissante vient doucement vous caresser le visage de son haleine embaumée.

Pour moi, j'ignore si c'est l'amour du pays natal qui exerce sur tous mes sens son inévitable fascination, mais, comme bien d'autres, qui n'avaient aucune raison pour se laisser entraîner par une émotion semblable, ont également subi cette même fascination, je crois pouvoir dire que peu de rivages au monde offrent au voyageur, à mesure qu'il en approche, un aspect plus enchanteur que ceux de l'île d'Haïti. Cette impression favorable ne fait qu'aller en augmentant lorsqu'il a touché le sol, pour l'envahir complètement ensuite quand, ayant pénétré dans l'intérieur, il a pu en parcourir les montagnes touffues et les fertiles vallées, et que ses magnifiques horizons, bornés par de ravissants paysages et par la ligne extrême de l'Océan, lui sont apparus dans leur beauté radieuse.

Ainsi que l'indique son nom indigène, l'île d'Haïti est un « pays de montagnes », dont quelques-unes sont assez élevées; et c'est ce qui, de loin, lui donne une physionomie toute particulière. Tandis qu'en effet les unes, comme la

« Hilera central », en étendant d'un côté leurs ramifications jusqu'à la mer, y forment une multitude de baies, de golfes, de presqu'îles et de promontoires, et, abaissant graduellement, d'autre part, leurs pentes, qui vont peu à peu se perdre dans de vastes savanes, d'autres, le Cibao, par exemple, ombragées des pieds à la tête de forêts vierges souvent impénétrables, voient sortir de leurs flancs de nombreuses rivières excessivement poissonneuses, qui se répandent dans toutes les directions et vont porter partout la fertilité et la vie.

Les côtes de l'île sont baignées au nord et à l'est par l'Océan Atlantique, à l'ouest par le golfe de la Gonave et, au sud, par la mer des Antilles; elles sont très découpées et, bien que l'abord en soit dangereux en quelques endroits, on y trouve, néanmoins, plusieurs baies et plusieurs anses qui offrent un refuge très sûr aux navigateurs.

Des vents impétueux règnent fréquemment dans les deux presqu'îles qui s'avancent dans la mer au nord-ouest et au sud-ouest, et qui contribuent à donner à l'ensemble de l'île quelque chose comme la forme d'un caïman à la gueule béante; mais, dans les autres parties, l'élévation de la température, résultat de la proximité des régions équatoriales, est adoucie par les brises de terre et de mer; le froid est même parfois assez vif sur certaines hauteurs.

Quoi qu'il en soit de ces quelques inconvénients, le climat est, en général, des plus agréables, sauf pendant quelques heures du jour pendant la saison des chaleurs. Les nuits surtout, sous ce ciel sans nuages, durant la plus grande partie de l'année, sont d'une douceur, d'une pureté, d'une transparence indicible : la blanche lumière de la lune y envoie, dirait-on, sur les objets un reflet plus brillant qu'ailleurs, et les étoiles scintillent dans l'immensité avec une vivacité et un éclat dont ne peuvent même se faire une idée approximative les habitants des contrées tempérées de l'Europe.

Je me sens moi-même impuissant, je l'avoue, à redire l'émotion pénétrante qui s'est si souvent emparée de tout mon être lorsque, revenant d'une longue course, et accablé de fatigue, je m'attardais, après la chute du jour, dans la montagne, assis, dans une contemplation muette, au pied d'un de ces chênes séculaires dont l'ombrage épais recouvre toute l'île comme d'une enveloppe de verdure; et la plume me tombe des mains faute de pouvoir arriver à lui faire exprimer toutes les délicieuses sensations à travers lesquelles tour à tour passait mon âme, subjuguée et comme anéantie au spectacle enchanteur de ces nuits splendides, dont le silence qui règne sur toute la nature; et que seul trouble le bruit lointain des vagues en se brisant contre la rive, fait encore mieux sentir l'enivrante et grandiose majesté!

## III

En Haïti, la fécondité du sol répond à la beauté du climat, on y trouve toute la flore, toute la végétation luxuriante des contrées tropicales; car les plantes qui ne croissent pas dans une même partie de l'île croissent certainement dans une autre, suivant les infinies variétés du sol et suivant son exposition.

A quel degré de richesse ne pourraient pas arriver les étrangers qui, disposant des capitaux nécessaires, seraient tentés de venir y employer leurs connaissances et leur activité à cultiver, à exploiter ces plantes et ces produits dont l'usage et la consommation sont devenus un impérieux besoin pour les peuples civilisés de l'univers entier.

Ce fut, en effet, cette même abondance qui éleva jadis, aux temps néfastes qui nous ont précédés, et rien que dans la partie occidentale de l'île, ces fortunes devenues légendaires des colons; mais il me faut rappeler que ceux-ci ne songèrent malheureusement pas que, par leurs procédés brutaux et sanguinaires vis-à-vis des noirs, par leur conduite immorale, par leur dureté, par leurs appétits féroces, ils finiraient par tuer la poule aux œufs d'or; car ils exaspérèrent à tel point les esclaves, que ces derniers, las de vivre sous un pareil joug et poussés à bout, finirent par se révolter. Sans souci aucun du lendemain, et ne songeant qu'à se venger des mauvais traitements qu'ils avaient si longtemps subis, des tortures sans fin que toute leur race avait endurées sous le fouet impitoyable des planteurs, pris d'une rage irréfléchie de destruction, ils saccagèrent, brûlèrent usines, plantations et opulentes demeures, et ne laissèrent que des ruines et la famine là où naguère étaient la richesse et l'abondance. Aussi ceux des colons qui parvinrent à échapper au massacre s'empressèrent-ils de quitter l'île, emportant naturellement avec eux leur or, leur fortune et tout ce qu'ils avaient pu soustraire à cet immense désastre. Et les malheureux Haïtiens, livrés désormais à eux-mêmes, au lieu de chercher à les relever, s'assirent, les bras croisés, sur les amas de décombres qu'ils avaient entassés. Mais le temps marchait toujours, et pendant que leurs champs demeuraient en friche, pendant qu'ils forçaient, en quelque sorte, le sol à se tarir sous leur apathie et leur indifférence, un mal plus terrible peut-être encore les envahissait : la guerre civile déchaînait sur eux ses horreurs sans cesse renaissantes; et le demi siècle qui est sur le point de s'achever les montre, périodiquement et presque uniquement occupés à se donner comme passe-temps le plaisir d'élever au rang suprême, quitte à l'en précipiter ensuite, — à part quelques rares et belles exceptions, — tantôt un tyran, tantôt un grotesque, mais presque toujours un rapace; quitte aussi à en arriver à être le jouet et la proie de celui qui saura le mieux dorer de pompeuses paroles une avidité insatiable de domination, de celui qui saura le mieux faire ses propres affaires tout en ne cessant de vanter son désintéressement et tout en ne paraissant se préoccuper que du bonheur de ceux qui l'acclament et lui servent de marchepied!

Vraiment, le cœur me saigne de remuer, en quelque sorte, le fer dans la plaie qui ronge depuis si longtemps mon pays, et je voudrais pouvoir jeter, sur les tristesses de son histoire, le voile dont les enfants de Noé couvrirent la nudité de leur père. Ah ! si, en déchirant les pages douloureuses d'un livre, on pouvait, du même coup, effacer de la mémoire de chacun tous les événements qui y sont rappelés, je n'hésiterais pas un instant à le faire, qu'on le croie bien. J'arracherais, pour les jeter aux flammes, celles où sont écrites, avec autant de sang que de larmes, les noms sinistres des étapes que nous avons parcourues en tournant en aveugles toujours dans le même cercle. Mais la vérité a des droits plus imprescriptibles encore que l'affection, et il doit en être ainsi, car il faut que le patriote et le penseur cherchent dans les grands enseignements de l'histoire, lorsqu'il en est temps encore, le moyen d'arracher leur pays aux engrenages de ce cercle qui le retiennent et qui le broient; il faut que les fautes et les crimes du passé soient une leçon pour l'avenir; il faut enfin que le peuple, au récit des événements qui l'ont plongé dans le gouffre au fond duquel il se débat, comprenne qu'il doit en sortir à tout prix; il faut qu'il finisse par se rendre compte, — au rebours de ce dont ses flatteurs ne cessent de lui ressasser les oreilles, — qu'avant d'avoir des droits, il a, vis-à-vis de sa patrie, à remplir des devoirs auxquels il lui est interdit de se soustraire; des devoirs sans l'accomplissement desquels il n'a plus qu'à se résigner au sort qu'il a appelé lui-même sur sa tête; c'est-à-dire, après avoir inutilement vécu, à disparaître sans laisser d'autre trace de son passage sur la terre que le souvenir de sa faiblesse et du mal qu'on a commis en son nom.

## IV

Mais, détournons les regards de ce triste tableau sur lequel ils se sont arrêtés trop longtemps, et hâtons-nous de revenir au sujet qui fait le principal objet de ce travail.

Je vantais, il y a quelques instants, la fécondité et la richesse du sol d'Haïti, et je parlais des produits sans nombre et des ressources infinies que la Providence y a semées à profusion, et dans lesquelles l'homme n'aurait, s'il le voulait, pour ainsi dire, qu'à puiser à pleines mains. Il ne m'est pas besoin, je crois, d'en dresser ici la liste. Est-il, par exemple, nécessaire que je nomme tous les végétaux, toutes les plantes, tous les arbustes qu'on y rencontre! L'énumération en serait vraiment trop longue. Qu'il me suffise de rappeler sommairement qu'on trouve dans l'île le café, dont la réputation est universelle, la canne à sucre, le coton, le riz, le tabac, l'indigo, la vanille, la vigne, etc., etc., comme aussi toutes les plantes employées usuellement par la pharmacie, par la parfumerie, par la teinturerie; toutes celles, en un mot, qui croissent et dans les régions tropicales du Nouveau-Monde et les climats tempérés d'Europe, et qu'on récolte, ainsi que je le disais tout à l'heure, dans telle ou telle partie de l'île, suivant les diverses natures et les diverses expositions d'un sol où la couche d'humus est presque partout d'une épaisseur rare, qui est arrosé de cours d'eau de tous côtés et où la végétation se développe avec une abondance et une vigueur sans égale.

Je citerai également, si on veut, parmi les essences forestières, toutes celles utilisées par la menuiserie, l'ébénisterie, la charpente, la marine, tous arbres souvent aussi gigantesques par leur taille que vénérables par leur âge, et qui recouvrent de leur ombre les flancs des montagnes et une grande partie du sol dont le fond, c'est ici le cas de le rappeler, est aussi riche que la surface, où la pêche, la chasse ajoutent l'agréable à l'utile et où la plupart des minéraux les plus précieux : le diamant, l'émeraude, l'agate, le jaspe, le porphyre, etc., sans oublier de nombreux gisements de houille, comme aussi la plupart des métaux les plus utiles : l'or, l'argent, l'étain, l'antimoine, le manganèse, etc., etc., n'attendent, pour paraître à la lumière, que la présence d'ingénieurs et d'ouvriers qui viendront les arracher à ses entrailles.

Enfin, j'ajouterai que des eaux thermales y sourdrent en maints endroits et n'attendent plus aussi que d'être captées pour voir s'élever autour d'elles et dans les sites les plus ravissants, des stations sanitaires appelées à devenir, dans les Antilles, aussi renommées que celles vers lesquelles, en Europe, malades et bien portants accourent de toutes parts pour se distraire ou pour se soigner.

J'ajouterai que la faune haïtienne égale la flore en abondance, et que l'agriculteur, le chasseur et le botaniste trouvent amplement chacun, le premier, à recruter et à faire vivre et se reproduire les troupeaux et les bêtes de somme dont il a besoin; le second, à poursuivre le gros ainsi que le menu gibier, et le botaniste, enfin, à recueillir les plantes les plus curieuses et les fleurs les plus rares qu'il veut collectionner dans son herbier, ou dont il désire orner sa demeure ou diaprer ses parterres.

Je terminerai enfin cette trop longue, bien que très écourtée nomenclature de nos richesses naturelles en rappelant que notre pays est un des centres les plus commerçants des Indes occidentales, et parmi les articles qu'il exporte, je citerai au hasard le café, le sucre brut, le rhum, la mélasse, le miel, la cire, le coton, le cacao, l'acajou, le chêne, le campêche et tous les bois tinctoriaux, etc., etc.

Énumérer tous ces produits, c'est assez dire quel parti pourraient en tirer et à quel degré de prospérité ne manqueraient pas d'arriver les grandes maisons de France et d'Europe qui se décideraient à venir fonder, dans la République haïtienne, des comptoirs et des établissements agricoles. Encore une fois, nos ressources sont immenses, nos richesses sont incalculables; mais, nouveaux rois Midas, avec toutes ces ressources, devant toutes ces richesses, et pour les raisons que j'ai données plus haut, nous mourons pour ainsi dire d'épuisement et de faim, car il nous manque les deux leviers avec lesquels on soulève les mondes : les bras et les capitaux. Et c'est pour attirer chez nous ces capitaux — qui permettent toujours de trouver des bras, — que j'adresse un pressant appel aux nations plus vieilles et plus favorisées que la nôtre.

## V

Les capitaux! Et pourquoi les capitalistes européens ne nous apporteraient-ils pas le concours et la puissance de ceux qu'ils possèdent? Sans chercher à approfondir la question, — qui est tout à fait, je le reconnais, hors de ma compétence, et qu'on soulève continuellement, — de savoir s'il ne leur serait pas plus avantageux de les utiliser en Europe que de les expatrier, du moment où nous les voyons chaque jour leur faire passer l'Océan pour aller dans des États encore plus lointains que le nôtre, le Venezuela, la Bolivie, la Colombie, l'Équateur, le Honduras, et tant d'autres, prêter leurs concours à des entreprises plus ou moins aléatoires lorsqu'elles ne sont pas mort-nées, pourquoi ne chercherions-nous pas (bien entendu une fois le calme complètement rétabli) à attirer tant de capitaux au passage? Pourquoi ne leur demanderions-nous pas de se porter aussi en Haïti et de fixer de nouveau la fortune dans cette partie de l'île qui garde à chaque pas les traces de sa richesse passée? Car, à l'encontre des pays dont je viens de citer les noms, elle a été presque partout, sauf en quelques parties marécageuses, complètement remuée; il n'y a, pour ainsi dire, plus de défrichements à y opérer, et, par conséquent, la partie la plus pénible, la plus ingrate du travail de premier établissement, n'est plus à faire : c'est un point très important et sur lequel je prends la liberté d'appeler l'attention publique.

Et cette richesse passée de la République haïtienne que je viens de rappeler, veut-on me permettre de donner à son sujet un ou deux chiffres qui me semblent topiques? On pourra juger par les résultats obtenus il y a un siècle, si les capitaux trouveraient aujourd'hui un utile et fructueux emploi.

Dans un rapport qu'il faisait il y a quelque soixante ans à la Chambre des Pairs, le duc de Lévis, après avoir constaté que le commerce employait dans la colonie 750 gros bâtiments, montés par plus de 24,000 matelots, non compris ceux utilisés au cabotage du pays, en évaluait les revenus pour l'année 1790, à la somme de 262,500,000 francs, dans laquelle il ne faisait pas figurer le commerce interlope, qu'il portait à 17,000,000 de francs.

A quoi, toujours d'après le même rapport, il fallait ajouter le bénéfice sur le commerce des piastres et quadruples provenant du continent espagnol, qui de 1783 à 1790 aurait fait entrer en France 40,000,000 de numéraire.

Enfin, le duc de Lévis constatait qu'à cette même époque le nombre des habitations étaient de 8000 et que chacune, évaluée au prix moyen d'un million, portait la somme des propriétés en terres à 8 milliards, argent des colonies, d'un tiers inférieur à celui de France. Ce chiffre, qu'on sera peut-être tenté de trouver exagéré, le semblera certainement beaucoup moins lorsqu'on aura constaté, comme je l'ai fait, d'après les documents officiels se rapportant à 1791, qu'à cette date on comptait, dans ce véritable Eldorado de l'industrie coloniale, 7,939 établissements de production, se divisant ainsi : 451 usines pour sucre blanc, 362 pour sucre brut, 3117 pour trituration du café, 3151 indigoteries, 789 cotonneries et 69 cacaoteries (1).

Quant aux importations de France, M. Melvil-Bloncourt, dans sa brochure intitulée : DES RICHESSES NATURELLES DE LA RÉPUBLIQUE D'HAÏTI, dit qu'elles atteignirent pour l'année 1792 la somme de 293,454,000 francs.

Dans cette même brochure, parue en 1861, — soixante-dix ans plus tard!!! — M. Melvil-Bloncourt n'évaluait plus le commerce d'exportation à cette date qu'à 50,000,000, et, réunissant l'importation et l'exploitation, il croyait ne pouvoir plus donner que le chiffre, relativement dérisoire, de 90,000,000 de francs qui était alors celui du commerce général. Aussi, en comparant ces derniers chiffres aux chiffres anciens, lui était-il impossible de ne pas formuler une bien triste conclusion, qui s'imposait, du reste, et ne pouvait-il s'empêcher de s'écrier : « Si depuis la proclamation de son indépendance, ce pays avait dépensé en études sérieuses, en travaux utiles, le quart de l'énergie qu'il a dépensée en vaines déclamations, en conspirations, en fusillades, en révolutions, il serait à cette heure, pour le moins, l'égal de Cuba, qui pourtant n'est qu'une Colonie. Les bateaux à vapeur fumeraient dans ses neuf ports; des chemins de fer sillonneraient ses fertiles plaines et, par sa splendeur morale et matérielle, il ferait l'admiration du monde. »

Mais, aux yeux de M. Melvil-Bloncourt comme de tout le monde du reste, l'apport de capitaux ne suffirait pas pour renouveler la face du pays : il faudrait, pour que nos relations avec l'Europe puissent sérieusement s'établir ou plutôt se rétablir, il faudrait, dis-je, que les capitaux nous vinssent accompagnés d'un cortège d'agriculteurs, d'usiniers, d'ingénieurs, disposés à se fixer chez nous et à s'y mettre hardiment à la tête d'entreprises agricoles, industrielles et minières, et c'est là malheureusement que M. Melvil-Bloncourt voyait, que je vois moi-même se dresser, dans le pacte fondamental de notre République, un obstacle sinon insur-

(1) Il faut observer, — et ceci a son importance, — qu'il s'agit ici seulement de l'ancienne colonie française, aujourd'hui la République d'Haïti, qui n'occupe territorialement qu'un tiers environ de l'île,

montable, tout au moins des plus gênants, pour les étrangers qui seraient désireux d'y venir dresser leurs tentes.

Par une disposition particulière, en effet, de ce pacte, disposition qui remonte, il faut le dire, à l'époque où il fut promulgué, c'est-à-dire au lendemain même de la guerre de l'indépendance, — il est stipulé que le droit d'être ou de devenir propriétaire d'un immeuble quelconque est réservé aux seuls indigènes à l'exclusion expresse de tous les étrangers. Je m'empresse toutefois d'ajouter que, par un correctif qui a été introduit depuis peu, il a été décidé que ce droit pourrait néanmoins être aussi concédé, le cas échéant, à tout étranger qui se serait rendu utile au pays en y fondant soit une entreprise industrielle, soit une exploitation agricole. Mais j'ajouterai également, — et on ne me reprochera pas un manque de franchise, — qu'à mon avis comme à l'avis de bon nombre de mes concitoyens, c'est plus qu'insuffisant, et que, malgré ce correctif, qui ferait longtemps encore de nous une nation presque entièrement fermée, c'est à la suppression complète de cette clause de notre constitution qu'il faut aboutir.

Oui, cette disposition, et tout le monde le reconnaît, a pu avoir, je dirai même a eu sa raison d'être lorsqu'elle a été inscrite dans nos lois. On craignait, à juste titre, le retour des colons qui avaient fait subir aux révoltés pendant près de deux siècles les horreurs d'une oppression presque inconnue jusqu'alors dans l'histoire. Mais, en vertu de l'adage *Ablata causa, tollit effectus*, les causes qui l'ont fait adopter n'existant plus depuis longtemps, elle doit être reléguée, pour ne plus en sortir, dans le vieil arsenal des armes d'un autre âge ; elle doit être supprimée d'une façon absolue, et cela dans l'intérêt de nos besoins, comme dans celui de nos relations avec les autres peuples. Ces peuples auraient vraiment beau jeu (et sans que nous eussions le droit de nous en plaindre), à nous rendre la pareille, et à dresser, chacun chez eux, devant nous, la même barrière que nous avons créée, et que nous aurions le tort immense de laisser subsister contre eux. Aussi, pour ma part, ai-je pris résolument l'engagement d'employer toute l'influence dont je peux disposer dans mon pays pour arriver à son abrogation ;

abrogation d'autant plus facile, du reste, à obtenir, je crois, dans un délai même assez rapproché, que son principe prend, chaque jour, une place de plus en plus large dans les préoccupations et dans les désirs de notre population.

Quoi qu'il en soit, en attendant une décision qui ne saurait manquer de bientôt intervenir à cet égard, si minime que soit le correctif indiqué, il entrebâille assez grandement la porte, pour que tous ceux qui voudraient répondre à mon appel puissent hardiment venir y frapper : elle leur sera ouverte aussi largement que possible, et partout ils seront accueillis avec cordialité.

Tous, en effet, rencontreront chez nous, dans toutes les classes de la société, des amis, des frères, qui leur tendront loyalement la main; et s'ils sont des Français surtout — en même temps qu'ils retrouveront là-bas avec une seconde patrie, des lois, des mœurs, des habitudes presque semblables aux leurs, — ils entendront cette douce et enivrante musique, — la plus agréable, la plus harmonieuse qui puisse venir frapper l'oreille du simple voyageur comme de l'exilé loin des lieux qui l'ont vu naître, — leur langue maternelle, la belle et noble langue française qui est parlée par la majeure partie des Haïtiens.

## VI

Mais, une fois les chefs de cette grande armée pacifique réunis, tout ne sera pas terminé : il s'agira alors pour eux, et d'accord avec le gouvernement, de recruter les troupes diverses qui devront opérer sous leurs ordres et mener rapidement à bonne fin la transformation agricole et industrielle de notre territoire, y cultiver le sol, en exploiter les mines, y creuser les ports, et établir les voies de communication, les lignes de chemin de fer, toutes choses qui nous font défaut.

Le manque de bras, la dépopulation toujours croissante du pays est, certainement, la plus grande plaie dont nous souffrons et qu'à de rares et très longs intervalles, trois de nos présidents ont bien cherché à panser; mais malheureusement leur exemple n'a pas été suivi : leurs plans et leurs projets ont disparu et sont morts avec eux.

On peut pourtant affirmer sans crainte d'erreur que, si cette idée avait été sérieusement poursuivie par tous ses présidents, la République haïtienne, au lieu d'être presqu'un désert, dans certaines de ses parties, et, de ne présenter, dans d'autres, à l'œil étonné du voyageur que le triste spectacle des ruines sur lesquelles vient s'amonceler, en couches chaque jour plus épaisses, la poussière des années qui s'écoulent, elle serait aujourd'hui, pour certaines denrées comme pour certains produits de première nécessité, sinon le seul, tout au moins l'un des principaux greniers de l'Europe.

Quoi qu'il en soit des regrets que nous éprouvons en songeant à la situation sans pareille à laquelle nous avions droit d'aspirer dans le monde, nous aurions peut-être encore pu, si nous l'avions bien voulu, faire bonne figure à cette Exposition universelle qui étale ses merveilles dans ce grand Paris où j'écris ces lignes, et je n'ai pas besoin de dire combien il m'est douloureux de voir notre place inoccupée dans ces palais du Champ de Mars, où des millions de visiteurs s'engouffrent successivement du matin au soir pour y admirer la réunion sans précédent des plus beaux spécimens des produits et des œuvres de toutes les nations du globe. L'Allemagne, cette impitoyable et bassement jalouse ennemie de la France, qui subit rageusement sa honte en assistant de loin au triomphe de celle qu'elle croyait avoir à jamais broyée sous sa main de fer, l'Allemagne s'est abstenue également. Que l'Allemagne boude, c'est son droit, et peut-être, pour le moment, son unique moyen de vengeance; mais nous, nous Haïtiens, pourquoi ne sommes-nous pas là? Pourquoi n'entend-on pas prononcer le nom de notre pays dans ce concert sans pareil de tous les peuples civilisés, auquel même des peuplades encore à demi sauvages sont venues apporter leur tribut?

Ah! combien, chaque fois que je parcours ces salles magnifiques, ces halls immenses où est aggloméré tout ce que le génie de l'homme a produit de plus parfait et de plus utile, ces vastes jardins dans lesquels, comme dans ceux d'Armide, les palais enchantés, les constructions gracieuses, les élégants kiosques, les fontaines monumentales,

les plantes les plus rares, les fleurs aux parfums les plus suaves, naissent, en quelque sorte, à chaque instant sous les pas, combien, dis-je, ma poitrine se contracte et mon cœur saigne patriotiquement à la constatation de cette absence! et combien aussi, remontant de l'effet à la cause, cette désolante pensée ne me vient-elle pas à l'esprit que ce sont, ô Haïtiens, mes frères, vos misérables dissensions intimes, sur lesquelles je suis forcé de revenir et toujours et toujours, qui ont seules et fatalement produit ce lamentable résultat de ne faire de nous que les spectateurs navrés de toutes ces splendeurs, les témoins attristés de toutes ces merveilles !

Je demande pardon de cette digression, à laquelle je me suis malgré moi laissé entraîner; et, avec le ferme espoir que tout va bientôt changer, j'ai hâte de revenir à l'ordre d'idées dont je me suis écarté.

A propos donc de ce rôle que j'indiquais il y a un instant, et que nous pourrions remplir auprès de certaines nations de l'ancien continent, je voudrais présenter maintenant quelques observations, sur lesquelles j'appelle toute l'attention de mes compatriotes.

La culture dans les pays d'Europe, — cela n'est pas un mystère, — ne peut guère s'étendre davantage qu'elle l'a fait jusqu'à ce jour, et ses progrès se limitent forcément de plus en plus. Presque partout, là du moins où le sol est susceptible d'être défriché, le moindre coin est utilisé; presque partout l'agriculteur européen a atteint la limite de son action. D'un autre côté, la culture agricole s'y voit entourée de difficultés de toutes sortes, et ce n'est pas seulement, comme chez nous, le dépeuplement des campagnes qui est la principale cause de ces entraves; mais il faut y ajouter la cherté de la main-d'œuvre (les frais de culture allant sans cesse en augmentant), la diminution de la valeur de la terre, les capitaux se dirigeant de plus en plus vers les entreprises industrielles, les impôts pesant chaque jour davantage sur la terre, le manque de protection pour ses produits, et enfin, et par-dessus tout, la plaie du militarisme que la politique allemande a étendue sur tous les peuples, toujours à la veille d'en venir aux mains dans une lutte épouvantable et absorbant jusqu'à leurs dernières ressources; toutes causes d'arrêt inéluctable qui ne semble pas près de disparaître.

Qu'on joigne, si on veut, à toutes ces causes désastreuses l'augmentation de la population totale, et, par suite, une consommation de plus en plus grande, les besoins matériels devenant plus nombreux et plus pressants à mesure que les progrès de la civilisation pénètrent davantage dans les masses, et enfin les prix se nivelant chaque jour, en même temps que s'accroît la facilité des moyens de transport et des échanges, et on demeurera convaincu comme moi que la production agricole de l'Europe, ainsi que je viens de le dire, a acquis à l'heure qu'il est un degré qu'elle ne saurait que difficilement dépasser.

Or, comme il existe une communauté d'intérêts entre la consommation européenne et la production des pays nouveaux, dont le sol n'a pas encore été épuisé par une culture intensive poussée à son dernier degré, ce qui est le cas pour Haïti, malheureusement, — ou peut-être heureusement dans l'état présent de la question, — pourquoi, au lieu de dissiper notre temps et de gaspiller notre or dans nos dissensions, ne chercherions-nous pas à reconquérir notre richesse passée, en employant et cet or et ce temps à faire rendre à notre sol tout ce qu'il peut rendre, et à tirer de nos ressources le plus grand profit possible sur les marchés d'Europe ?

La chose serait-elle donc bien impossible? Si on trouve que, dans les pages précédentes, il a été tracé un tableau trop flatteur de la fécondité et des richesses de notre île, faut-il qu'un étranger, sir Spenser Saint-John, un ancien ministre d'Angleterre en Haïti, dont j'ai le regret d'avoir eu à blâmer la singulière attitude à notre égard en certaines circonstances, faut-il, dis-je, qu'un étranger vienne lever tout doute à cet égard lorsque, dans un livre sur Haïti, il écrit : « J'ai parcouru presque tout le globe, et je puis dire qu'aucun pays ne possède une plus grande puissance de production; aucun, une plus grande variété de sol, de climats et de produits; aucun, une semblable position géographique? » — Me faut-il citer à présent le général français Mathieu Dumas, qui disait que la seule conservation de notre pays comme colonie était préférable, pour la France, à celle de toutes ses autres colonies réunies, et que sa possession eut suffi « pour porter au plus haut degré de prospérité son commerce et sa marine? » Faut-il enfin faire confirmer cette dernière parole par M. Melvil-Bloncourt, lorsque, à son tour, il écrit : « Le général Dumas avait raison en s'exprimant ainsi, quand on pense à ce qu'était la partie française d'Haïti, à ce tiers de l'île plus productif que la totalité des possessions anglaises dans les Indes occidentales? »

Devant de pareilles affirmations, peut-on faire autrement que s'incliner, et pourquoi faut-il, après avoir retracé ce splendide tableau de l'état passé de notre pays, en venir à constater tristement l'état de choses actuel?

Ah! si avec un instrument de travail pareil à celui que la Providence a mis si libéralement entre nos mains, nous ne faisions pas désormais tout ce qui dépendra de nous, de notre volonté, de notre énergie, de notre amour du sol natal, pour l'utiliser, ce serait vraiment à désespérer de l'avenir, et nous commettrions là un crime de lèse-patrie, je dirai plus, de lèse-humanité.

Il nous faut donc à tout prix et coûte que coûte sortir de cette situation qui ne doit pas se prolonger.

Le remède existe, je l'ai déjà signalé. D'autres, du reste, l'ont employé avant nous, comme d'autres l'emploieront après nous. Tout d'abord, — j'en reviens toujours là, — il faut, avant de se lancer dans les travaux bienfaisants de la paix, commencer par mettre fin à jamais à toutes ces tristes querelles qui ne font que nous déshonorer et faire de nous la risée des autres peuples; puis constituer immédiatement, et avec toute l'abnégation patriotique dont nous sommes capables, un gouvernement honnête et stable, basé sur les véritables principes de la justice et du droit; il faut, une fois ce gouvernement établi, et après avoir, comme il l'est indiqué plus haut, fait un premier appel aux capitaux et à ceux qui peuvent en diriger l'emploi, il faut, — puisque ce sont les bras qui nous manquent, — en faire un second au trop-plein de la population des pays où elle est surabondante, ainsi que le font en ce moment même, pour peupler leurs immenses solitudes, tous les États de l'Amérique méridionale; il faut adopter, en un mot, le système de l'immigration, qui, loyalement pratiqué, peut, en un nombre d'années relativement restreint, changer la face de notre pays, comme il est en train de changer la face du Brésil, de la République Argentine, de l'Uruguay et d'autres États cependant plus vastes qu'Haïti, mais dont le sol n'a pas l'incomparable fécondité. Attirons à nous les bras étrangers, puisque la faible densité de notre population nous indique cette solution.

Oui, attirons à nous librement les travailleurs du dehors. Choisissons même de préférence, lorsqu'il en sera temps, ces travailleurs dans une catégorie ou plutôt dans des contrées spéciales, dans certaines régions de l'Afrique, par exemple; ou encore dans l'Inde, à Bombay ou à Calcutta, etc. On pourrait, à cet effet, s'adresser à l'une des meilleures agences d'émigration.

Et lorsque ces étrangers seront, de leur libre volonté, venus vers nous, soyons pour eux, croyez-m'en, des amis dévoués et traitons-les en frères; entourons-les de soins matériels et de bien-être moral; assurons-leur une part légitime dans le résultat de leurs efforts et des nôtres; et si, par nos procédés envers les immigrants, nous sommes assez heureux pour les attacher au sol qu'ils auront arrosé de leurs sueurs et en faire de nouveaux enfants du pays, nous pourrons aspirer au plus grand avenir.

## VII

Ces devoirs, on le comprend, ce n'est malheureusement que par anticipation que je les indique. D'ailleurs, nous n'en sommes pas encore là. Mais en attendant ce moment si désiré, il est un autre ordre d'idées, palpitant d'actualité, si je puis m'exprimer ainsi, et que je tiens à aborder ici franchement.

Placé que je suis à 1800 lieues des événements qui se déroulent dans notre malheureux pays, mais sans vouloir, bien entendu, ressembler en rien au voyageur dont parle Lucrèce, lequel, tranquillement assis sur la rive, assiste de loin en témoin impassible, et même avec une certaine volupté, à l'entrechoc de toutes les forces de la nature déchaînée ; sans vouloir, comme lui, prononcer l'égoïste suave *mari magno*... tant de fois cité, je suis, — je crois pouvoir le dire, — par mon éloignement même autorisé à juger tous ces événements avec liberté d'esprit et indépendance et pour les voir en quelque sorte de plus haut, s'il m'est permis de m'exprimer ainsi. Je me sens plus libre, il me semble, et plus dégagé de mesquines et souvent puériles préoccupations, pour établir les responsabilités de chacun et pour rechercher le terrain de conciliation où tous les partis pourraient être réunis et faire loyalement, d'un commun accord, tous les sacrifices que leur commandera l'intérêt sacré de la patrie ; de la patrie une, entière, indivisible et même élargie si possible.

C'est cet intérêt sacré seul qui me pousse, moi, simple enfant, mais enfant dévoué de la famille haïtienne, à faire entendre à mes compatriotes mes lamentations et mes espérances et à leur crier en oubliant ma faiblesse et mon isolement :

Dans quinze ans sonnera l'heure de notre centenaire ; nous n'avons plus autant de temps qu'il eût été désirable pour nous préparer dignement à une si grande fête, mais d'ici là nous pouvons faire beaucoup, ne serait-ce que nous faire pardonner le demi-siècle que nous aurons perdu dans d'éternelles discordes.

Il faut prendre des résolutions viriles.

Il faut que le pouvoir suprême cesse d'exciter toutes les cupidités et toutes les ambitions.

Il faudrait peut-être même, si le salut de la patrie l'éxigeait, mais dans ce cas-là seulement, en arriver à un moyen plus radical encore, et qui mettrait à néant toutes les convoitises : à la suppression de la présidence de la République. On la remplacerait alors par un Conseil de gouvernement, composé de cinq membres responsables, qui seraient investis du pouvoir exécutif pour une durée de cinq ans, et chacun d'eux présidant à son tour le Conseil pendant un an.

L'adoption de ce système serait, bien entendu, un moyen extrême et tout de conciliation, et j'ajouterai qu'à mes yeux il est toujours préférable d'avoir un seul chef à la tête d'un gouvernement, et un chef dans la véritable acception du mot : capable, honnête, énergique et fort, un chef responsable, sans doute, mais ayant, vis-à-vis de ses concitoyens et des nations étrangères, le prestige qui doit appartenir à sa haute situation.

Cette réserve faite, il est tout naturel que le citoyen, qui a vraiment conscience de sa valeur, cherche à arriver au poste où il croit pouvoir d'être utile à la chose publique.

Et dans tous les postes, Dieu sait si chez nous il y a à faire ! Il y a des encouragements à donner à toutes les formes du travail : l'ordre à rétablir dans nos finances; l'instruction publique, basée sur la morale chrétienne, a mieux répandre jusqu'au fond de nos montagnes; la création d'écoles d'arts et métiers dans nos principales villes; des routes à tracer; des ponts à jeter; nos villes à relier entre elles par des chemins de fer; des fermes modèles à établir, etc., etc.

Mais commençons par le plus pressé. Ce serait d'ailleurs folie de croire qu'on puisse réorganiser instantanément un pays et le faire entrer *de plano* dans la voie où doit le pousser le souci du bien public.

Et si nous voulons voir prospérer la république haïtienne, et prouver à notre tour ce dont sont capables des hommes libres, accroissons d'abord les forces productives du pays en fécondant de notre sueur le sol que nos ancêtres nous ont légué, eux qui avaient dû l'arroser de leur sang pour nous en faire une patrie.

Sortons enfin de notre apathie, cessons de rester de grands enfants.

## VIII

Autre question :

Quelques-uns parmi nous, dans leur désir immodéré mais vain d'arriver à la popularité, ont, ils le savent, soit par leurs actes, soit par leurs paroles haineuses ou par leurs diatribes débordantes de fiel et d'amertume, cherché à exciter l'une contre l'autre deux fractions de la population.

D'autres, par leur vanité et leurs incessantes criailleries ont été, ils ne l'ignorent pas non plus, plus coupables encore que les premiers. C'est à eux, et à eux surtout, qu'incombe la situation déplorable où se débat notre infortuné pays.

En un mot, à quelque parti que nous appartenions tous, nous avons agi en méconnaissant les lois du véritable patriotisme.

Il est temps que les déplorables agissements qui déversent sur le pays la honte et la déconsidération prennent fin immédiate ; il est temps que nous nous arrêtions sur la pente fatale où nos passions liberticides nous entraînent ; il est temps que nos luttes sanguinaires se transforment désormais en luttes pacifiques, ayant pour noble but le relèvement de la patrie agonisante !

Au nom des fondateurs de notre indépendance, au nom de nos héros de 1804, qui doivent tressaillir de douleur dans leurs tombes, Haïtiens, foulons aux pieds nos vieilles et ruineuses querelles ! cessons à tout jamais ces attaques passionnées et presque toujours injustes dont nous abreuvons nos meilleurs citoyens ! Mettons-y tous du nôtre : nos intérêts sont liés. *Acta, non verba !*

Dans la politique, l'opposition est parfois nécessaire ; mais elle ne l'est qu'autant qu'elle ait sa raison d'être. En a-t-il toujours été ainsi parmi nous ? Nous ne pourrions répondre affirmativement. Eh bien, il faut qu'il n'en soit plus ainsi à l'avenir, à moins que nous ne tenions pas à être pris au sérieux ; il faut que désormais la passion du bien public soit notre seul mobile.

Ne fermons donc plus, de parti pris, l'oreille à ce que peut nous dire de raisonnable un adversaire loyal, qui a tout autant que nous souci des intérêts que nous défendons.

Plus d'appel aux mauvaises passions, à l'ignorance, aux rancunes qu'elles peuvent engendrer, pour soulever les masses et les exploiter au profit de condamnables ambitions.

Plus de ces perpétuelles et indignes récriminations, plus de ces criailleries puériles sur tout et à propos de tout. Ne plus nous noyer dans les questions de détails et savoir embrasser désormais les grandes vues d'ensemble, tel doit être le but à atteindre.

Et, après avoir considéré où nous ont conduits et nous conduiraient immanquablement nos regrettables errements, tournons nos regards vers l'avenir et élevons avec recueillement nos pensées à la hauteur du péril qui nous menace : notre disparition de la carte du monde, notre anéantissement total.

Que le passé nous soit une leçon, mais qu'il soit bien le passé, c'est-à-dire qu'on n'en conserve plus qu'un souvenir purement historique! Non seulement il ne faut plus qu'il soit question de vieilles haines, mais il faut que sans délai tous les partis s'unissent dans un même esprit d'abnégation et de bonne volonté, pour inaugurer enfin l'ère de paix sociale, de paix intérieure que nous entrevoyons.

Nous sommes, grâce à Dieu, les citoyens d'un pays prodigieusement riche, où la prospérité commune peut être facilement obtenue, si nous savons vivre chez nous en bonne intelligence, si nous consentons à faire table rase des querelles futiles, si le souci du bien public (qui est le souci même de nos propres intérêts) remplace le goût des dissensions intimes.

Par la concorde, nous arriverons à fonder des institutions durables. Il nous incombe de décider de notre sort. Un pays qui a payé si cher le droit à l'existence politique et donné tant de preuves irrécusables de vitalité dans le passé ne saurait continuer à rétrograder, et disparaître. Qu'il n'y ait plus dans les cœurs que le seul sentiment noble dont on puisse véritablement s'enorgueillir : l'amour de la patrie et l'amélioration morale et matérielle du sort de chacun pour le bonheur de tous.

Que tous les hommes éclairés et de bonne foi se liguent pour ne plus faire désormais la guerre qu'au seul ennemi commun, à la cause de tous nos maux : à la mauvaise foi, d'où qu'elle vienne...

Oui, le passé est mort et les haines doivent être mortes aussi. Les vieux expédients sont usés, comportons-nous intelligemment : soyons libres et soyons frères, et qu'en Haïti la Liberté ne soit plus un mensonge ni la Fraternité une trahison.

Non! il n'est pas possible que ce vœu si ardent et si sincère soit une utopie de mon cœur attristé ; il n'est pas possible que ce soit le rêve irréalisable d'un patriote effrayé en voyant se ruer inconsciemment vers l'abîme le peuple dont il est enfant, ce peuple dont le sang coule dans dans ses veines, ce peuple que d'autres sans doute peuvent aimer autant que lui, mais non d'un amour supérieur au sien, et pour le bonheur duquel il sacrifierait volontiers, s'il le fallait, et son sang et sa vie!

## IX

Je me suis efforcé de démontrer que toute la moralité de notre activité politique se résumait dans cet aphorisme étroit : « ôte-toi de là que je m'y mette »! Il est juste cependant de reconnaître que nos luttes sont quelquefois des luttes de principes entre gens convaincus et de bonne foi. Malheureusement aussitôt la victoire le vainqueur tombe comme fatalement dans les errements reprochés au vaincu et toujours désastreux.

Mais il y a un dernier point de vues tout spécial à mes concitoyens, qui est digne de leur plus religieuse attention. Qu'il me soit donc permis d'aborder cet autre ordre d'idées : celui des différences de couleur qui existent dans la population haïtienne.

Cette population est, on le sait, composée de nègres et de mulâtres. Ces derniers proviennent des unions contractées entre membres de la race blanche et membres de la race noire; et, en présence de ce fait matériel, je me demande d'où pourrait découler l'hostilité qu'on prétend exister dans notre population entre les uns et les autres. Pour ma part, je la cherche en vain, et il m'est absolument impossible d'arriver à me l'expliquer. Je n'ai d'ailleurs jamais compris que la couleur de quelqu'un pût être une marque qui fît déchaîner contre lui le mépris de chacun. Je ne puis donc trouver là qu'une de ces absurdités grossières qu'on jette en pâture aux masses trop disposées, hélas! à se contenter de mots sans descendre au fond des choses. Moi-même, après tout, je suis mulâtre, et cela ne m'a jamais préoccupé, pas plus que je ne vois pourquoi je renierais une partie de ceux qui furent mes ancêtres, pourquoi j'aurais honte, c'est le cas de le dire, d'une partie de moi-même.

S'il est des mulâtres qui distinguent des nuances de

l'épiderme et croient ainsi faire preuve d'un grand esprit, ce sont vraiment des gens bien à plaindre; mais il ne faudrait pas que la majorité des sang-mêlé fût confondue avec eux et rendue responsable de la fatuité et de l'outrecuidance de quelques phénomènes.

J'ai beaucoup d'amis mulâtres : il me semble que si ceux-ci n'avaient pas sur ce point la même opinion que moi, rien ne leur eût été plus facile, dans nos épanchements intimes, de trahir leur sentiment; mais j'affirme qu'il ne s'est toujours agi entre nous que de choses autrement sérieuses, que de questions dignes des hommes de cœur : de l'éducation des masses et du progrès en Haïti.

On a vu une de nos célébrités médicales et, en même temps, l'un de nos meilleurs patriotes, le Dr L. A***, alors qu'il n'était qu'étudiant, prendre fait et cause pour un noir qui lui était complètement étranger et qui n'était même pas Haïtien, et se battre en duel en ses lieu et place, l'âge du sujet anglais ne lui permettant pas de se mesurer avec un adversaire plein de force et de vigueur, qui l'avait publiquement humilié (1).

Je reste sur ces deux faits qu'on pourrait croire isolés; mais combien d'autres je citerais si je ne craignais de m'attarder.

Ainsi donc, de quels poids peuvent-elles être dans la balance de la justice, la conduite regrettable qu'on dit avoir été tenue en certaine occasion et les paroles malheureuses qui auraient été prononcées, en Haïti, par quelques écervelés, inconscients de l'humiliation qu'ils pouvaient infliger à leurs semblables?

Si j'ai cru devoir toucher à ce point délicat, c'est qu'il est à craindre que l'exploitation habile de cette machine de guerre qu'on nomme le préjugé de couleur ne finisse fatalement par démoraliser ce bon peuple et le rendre impropre à la civilisation. Je sais aussi que certains *faiseurs* étrangers s'en emparent, à leur tour, méchamment sans le moindre scrupule, pour attiser nos querelles, agissant ainsi vis-à-vis de nous avec une déplorable autant que

(1) Je demande pardon à mon honorable et sympathique concitoyen si je blesse sa modestie.

déloyale légèreté, et s'érigeant, de gaieté de cœur, en vrais fauteurs de discorde ; au milieu desquelles ils savent sans doute que, par suite de notre faiblesse, ils ont tout à gagner et rien à perdre. Je tenais par conséquent à les dénoncer à l'opinion publique en Europe.

Mais c'est à vous, hommes nouveaux ou consentant à vous mettre à la hauteur de la situation nouvelle, qu'il appartient de démontrer au peuple l'infamie d'une affirmation mensongère et désastreuse débitée par des spéculateurs politiques.

D'ailleurs, de quelle force pourraient-ils disposer à l'avenir, ces gens de toute sorte, si, par une entente sérieuse entre patriotes, le pays suivait enfin le mouvement des nations civilisées ?

Il faut donc, noirs ou mulâtres, vous à qui votre position sociale donne charge d'âme, annihiler moralement ces politiciens ou les ramener à de meilleurs sentiments par vos sages agissements.

Votre puissant auxiliaire c'est le peuple lui-même, qui est aussi prompt à écouter les bons conseils qu'il l'est à suivre les mauvais exemples. Il sera toujours, du reste, pour le gouvernement qui le rendra heureux. Sachez donc travailler dans ce sens. « On ne fait son bonheur qu'en s'occupant de celui des autres », dit avec raison Bernardin de Saint-Pierre.

Inutile d'ajouter qu'en assurant au peuple la vie matérielle, il est essentiel aussi de lui donner la vie intellectuelle et morale : c'est en éclairant les masses que l'on détruit le mal. De l'instruction naît la grandeur des nations. Par elle, l'homme grandit, il s'élève et sent mieux sa dignité. Le contraire a lieu, il est vrai, par fois, mais alors on fait classe à part : on est tout bonnement ce qu'il est convenu d'appeler un excentrique dangereux.

Il importe donc d'inculquer dans l'esprit de l'enfant, dès son bas âge, que tout ce qui pourrait nuire à autrui est un crime ; qu'il ne doit y avoir parmi nous plus de place pour l'orgueil des uns que pour l'ambition des autres. Le devoir, et rien que le devoir, tel est le seul objectif de chacun.

Et la pratique la plus large de l'amour du prochain, telle

doit être la devise nationale à inscrire au fronton de nos écoles.

## X

Un dernier mot :

Notre République d'Haïti a été souvent victime d'injustices criantes de la part de certaines grandes nations, qui ont abusé de leur force vis-à-vis de notre faiblesse : c'est tantôt l'Allemagne et tantôt l'Angleterre qui, par l'argument irrésistible de leurs canons, viennent nous réclamer des indemnités par trop fantaisistes au nom de leurs nationaux ou de gens qui se donnent pour tels, tous prétendant avoir été lésés par nos troubles civils dont, pourtant, ils sont eux-mêmes quelquefois les premiers fauteurs.

En pareil cas, nous poussons de grandes clameurs, nous crions à l'injustice, au voleur, à l'assassin! A quoi encore? A la force qui prime le droit! Que sais-je? Avons-nous toujours raison de crier? et ne devons-nous pas plutôt rejeter sur tout notre passé ainsi que nos fautes les injures que nous sommes forcés d'endurer?

Lorsqu'on veut être respecté par les autres, il est cependant bien simple et bien facile de l'être, si petit ou si faible soit-on : il faut commencer par se respecter soi-même; il faut savoir s'attirer, par la correction de sa conduite à l'intérieur comme à l'extérieur, la sympathie de tous. En avons-nous toujours agi ainsi?

Un exemple fera mieux ressortir la vérité de ce que j'avance et prouvera que, quelquefois, tout en étant bien faible, on peut parler bien fort :

Voyez, aux portes de la France, ce tout petit peuple ou, plutôt, cette agglomération de petites Républiques unies entre elles par un lien puissant de fédération; ne vient-il pas de donner au monde un magnifique spectacle en tenant tête à ce terrible représentant du droit de la Force, à celui qu'on a surnommé le « chancelier de fer »? et son conseil fédéral n'a-t-il pas conquis l'admiration universelle lorsque, dans sa réponse audit chancelier, qui osait lui contester sa neutralité, il a revendiqué hautement, aux applaudissements de tous, son droit imprescriptible d'être maître chez lui, et parlé comme s'il avait derrière lui des armées prêtes à s'élancer au combat? J'ai nommé la nation helvétique; et, en la proposant en exemple à mes concitoyens, je leur demande de travailler à se rendre dignes des mêmes sympathies.

Et maintenant que j'ai achevé ma tâche, il ne me reste plus qu'à demander à ceux qui auront eu la patience de me suivre jusqu'à présent, de vouloir m'accorder leur meilleure indulgence et aussi bien pardon si j'ai pu les froisser en attaquant non pas les personnes en qui je puis voir des adversaires, non des ennemis, mais en attaquant les systèmes de gouvernement qu'ils représentent et qui nous ont réduits au triste état où nous en sommes arrivés.

Oui, j'ai rêvé pour ma patrie, je l'ai dit en commençant, les destinées que je la sais capable d'atteindre si elle en a la volonté. D'ailleurs, il n'est pas possible que Dieu ait prodigué à ce pays tous les dons de la nature pour que ses habitants soient toujours condamnés à l'impuissance d'en profiter.

Ah! que mon rêve serait plus beau encore si, comme jadis, les deux nations qui habitent Haïti pouvaient, à un moment donné, n'en plus faire qu'une seule sous une administration unique, ou si même un gouvernement fédéral, adopté par les deux peuples dans un libre et commun accord, pouvait un jour présider à nos destinées futures! L'unité politique d'une île ne découle-t-elle pas, du reste, naturellement, — j'insiste là-dessus, — de l'état d'isolement dans lequel l'a placée la nature? Et ne serait-ce pas une nécessité découlant à son tour de ce fait matériel que, dans le cas où nous sommes, les hommes d'État de la République haïtienne et de la République dominicaine aient à cœur de travailler, en bons patriotes, à réaliser de nouveau cette unité qui a déjà existé et que des malentendus et des maladresses ont seuls brisée?

L'unité de la patrie! mais n'est-ce pas une loi de l'histoire! Mais les peuples n'ont-ils pas toujours cherché à s'y conformer, même à travers des siècles! Voyez la France, au temps des mérovingiens, resserrée dans des limites restreintes et se trouvant entourée de tous ces peuples divers, entraînés jusque sur le sol de la Gaule par l'invasion des barbares, qui étaient venus implanter leur domination sur les ruines de l'empire romain! voyez ce qu'elle a fait pour conquérir ses limites naturelles! Pendant douze cents ans, ses plus grands rois, ses hommes d'État, ses hommes de guerre, son peuple aux aspirations patriotiques les plus sublimes et les plus pures, pendant douze cents ans, tous n'ont eu au cœur qu'une pensée, n'ont poursuivi qu'un but : réaliser cette même unité que je voudrais voir constituer entre nos deux Républiques. Et c'est à force de luttes et d'efforts, et à travers bien des heures de triomphe mêlées de bien des heures d'épreuves, qu'elle a fini par devenir ce qu'elle est aujourd'hui, malgré ses récents revers. Elle peut encore parler avec la pleine conscience de sa force et se faire craindre et respecter de ceux-là mêmes qui, il y a dix-huit ans à peine, ont tenté de l'écraser sous le nombre de leurs canons, et l'ont vaincue par le nombre et dans des conditions qu'on ne pouvait prévoir.

Voilà ce que la France a fait : à nous de suivre son exemple! La tâche nous en est d'autant plus facile que nous sommes, je l'ai déjà dit, deux Républiques sœurs.

Et cette union des deux peuples, une fois accomplie pacifiquement à nouveau, n'entraînerait-elle pas, — dans un avenir qu'il serait certainement téméraire de vouloir dores et déjà fixer, — la réalisation d'un fait politique d'une importance beaucoup plus considérable encore? Sait-on si nos neveux ne verraient pas un jour toutes les grandes et les petites Antilles se grouper avec notre île dans un intérêt capital et, par une efficace et durable protection mutuelle, en une vaste confédération antilléenne?

Mais n'anticipons pas et n'allons pas plus loin dans nos souhaits, cela c'est l'avenir, et l'avenir est à Dieu. Bornons-nous à nous occuper du présent qui, lui, nous appartient bien; et faisons en sorte que la postérité nous juge non pas sur ce que nous aurions voulu faire, mais sur ce que nous aurons réellement fait pour la prospérité, la gloire et le bonheur de notre patrie bien-aimée, de notre cher pays d'Haïti!

---

PARIS. — E. DE SOYE ET FILS, IMPR., 18, R. DES FOSSÉS-S.-JACQUES.

www.ingramcontent.com/pod-product-compliance
Ingram Content Group UK Ltd.
Pitfield, Milton Keynes, MK11 3LW, UK
UKHW020401250726
13967UKWH00005B/2401

www.ingramcontent.com/pod-product-compliance
Ingram Content Group UK Ltd.
Pitfield, Milton Keynes, MK11 3LW, UK
UKHW020400250726
13967UKWH00005B/2400